아직은 살얼음

백혜옥 시집

아직은 살얼음

문경출판사

시인의 말

먹물 머금은 붓이
화선지를 지나가면

어성어성 갈라진
파초잎이 흔들립니다

물결 속에서 피어날
한 송이 꽃을 기다리며

여기
여백 한 잔 놓아 봅니다

    2025.8. 學而畵堂에서
      陶然 백혜옥

차례

■ **시인의 말** · 9

제1부

17 · 격리 일주일
18 · 늦가을 낙엽
19 · 부고訃告를 받다
20 · 육일서점
21 · 똘똘 뭉쳐
22 · 휘파람
23 · 이제는 자라
24 · 밤을 치다
25 · 자국 1
26 · 자국 2
27 · 블랙아웃 2
28 · 가끔은, 바람
29 · 그렇게 비는
30 · 어머니는 처음 글자를 배웠다
31 · 어치게 산다냐

제2부

35 · 수태受胎
36 · 할머니와 그림자와
37 · 화장을 고치고 앉아
38 · 6월을 훑는다
40 · 아무도 없는 가을, 마실을 간다
41 · 아랑곳
42 · 몽탄
43 · 버스
44 · 지우펀
45 · 63번 버스
46 · 하지 저녁
47 · 입관
48 · 늦은 노을
49 · 한때는
50 · 가을, 이만큼

제3부

53 · 조화로운 낮
54 · 고씨동굴
55 · 여름 빛
56 · 경옥이네 닭발
57 · 늦은 햇빛
58 · 깨진 유리 문 앞에
59 · 만리포 앞바다
60 · 잠시 햇살이
61 · 합창
62 · 살얼음이 아직
63 · 오래된 꽃
64 · 기운 벽
65 · 구부정
66 · 시들시들
67 · 달은 흘러서, 구름은 흘러서

제4부

71 · 마른 등
72 · 발인
73 · 연신내
74 · 누가
75 · 집으로
76 · 사월 저녁
77 · 소신공양
78 · 이래도 살구
79 · 가시 돋친 말
80 · 대전역
81 · 검은 여자
82 · 매화는 고철을 향해 피어 있다
83 · 고요한 커피
84 · 밤을 낚다
85 · ㅅ

제5부

89 · 앞에 있는 사람

90 · 바다수산

91 · 저드리 언덕에 서서

92 · 노도 마중

93 · 무안

94 · 말라가는 정류장

95 · 파도의 시화전

96 · 반구대

97 · 새참 때

98 · 꽃은 나를 보고

99 · **九如圖**

100 · 세 송이

101 · 천천히 30초

102 · 오 형제

103 · 봄이 왔지만

104 · 옛날 옛적에는

| 발문 |
현상의 본질을 향하는 시선과 그 언어(言語)
-「백혜옥 시집에 부쳐」_**최학** · 105

제 1 부

격리 일주일

러시아 야쿠츠크에 있는 것도 아닌데

끓어오르는 오미크론 세포와 함께
뒹굴며 춤을 추다

고립 속에서의 고독을 이겨내는 것

걱정을 물고 바라보는 창밖의 달

치료 약을 먹기 위해 허무하게 격리된 이름

늦가을 낙엽

은행동 거리의 전봇대에
처박혀 쓰러져 있는
소주병

황혼이 내린 카페에
늦가을이 휙 불어온다

여자의 창가에 내려앉은
눈물 몇 장

부고訃告를 받다

이정표는 없지만
태어나면서 두 손에
차표는 주어지는 거

황룡강가
갈잎으로 물든 메타세쿼이아
영면에 드시다

육일서점

행간에 흘러든 사람들이
모여드는 곳

그는 표지처럼 늙어가고 있다

어쩌다 문밖으로 버려졌지

눈비에 처박히다가
햇빛 아래 뒹굴다가

이제는 지하실의
그를 본다

똘똘 뭉쳐

빨간 불이 자주 들어와
신호를 한다

청소기를 분리하여
꺼내 씻자
세로줄 사이사이 쌓인
먼지 뭉치가
끝없이 나온다

그 작은 틈새에 많이도 모여
살았구나

먼지 가족으로

휘파람

입술을 모아본다

피피
김빠진 소리지만
넘어졌던 무릎들이 따라온다

저 언덕 돌아
논두렁을 걸어
주조장 모퉁이로

되돌아올 것만 같아 휘휘
또 휘휘

소쩍새가 운다

이제는 자라

숨바꼭질 재기차기 자치기
비석놀이 공기놀이 고무줄놀이

조무래기들
돌아가고 난 골목에
밥 먹어라 부르는 소리

이젠
어른이 되어

담벼락에 기댄

밤을 치다

누가
먹칠을 하는가

맨몸으로 받아들이는 돌부처

수백 번 뿌려대지만
꿈적하지 않는 흰 종이

자국 1

여자는 거울을 보지 못하고
집을 나섰다

밥을 먹고 밥알을 흘리고
코를 풀던 남자가 보이지 않았다

여자가 얼굴을 씻지 못하는 사이

감정은 수도관 틈으로
조금씩 빠져나가고 있었다

물이 고이고 있었다

자국 2

거울 속 남자

관을 살피고 잘라내고
수도관을 잠갔다 틀었다

그래도
겨울 밖으로 물이 한 방울 두 방울
흘러내리고 있었다

여자는
벽으로 사라졌다

블랙아웃 2

노선도를 읽다가

팔을 뻗었다 오무렸다

간판을 보고 있지만
유리 뒤의 풍경을 읽는다

코트 끝의 실오라기 한 줄이
풀려 펄럭인다

가끔은, 바람

잡힐 듯하면서도

색이 보이는 듯하면서도

맛이 느껴지는 듯하면서도

모르겠는 것

그렇게 비는

버스를
그냥 보내야 할 때
뛰어가서 놓치면 안 되는 때가 있다

벤치에 앉아
시간을 붙들고
노선도를 향해 고개 돌린다

오지 않을 사람
올 수 없는 사람
만나서는 안 되는 사람

어머니는 처음 글자를 배웠다

어머니는
미호 강가 비닐하우스에 가셨다

접시꽃 활짝
아침 햇살을 받은 풍경이 환하다

줄기처럼 가느다란
손으로

또박
또박
눌러쓴 글자

어치게 산다냐

엄마는 삶은 밤을
좋아 하신다고
가을 녘
전화를 걸어 왔다

담장 너머 피어 있는

붉은 접시꽃

제 2부

수태受胎

수도가 막히지 않도록
물을 졸졸 틀었다

오래 사용한 몸을 풀었다

할머니와 그림자와

신촌 경로당 정자에 앉아
에이스 마트에서
집어온 붕어 싸만코를
꼬리부터 뜯는다

목을 내어준다

저쪽
뒤돌아 앉은 당신은
외면하고 있다

화장을 고치고 앉아

밖이 보이지 않은 부우연 창

옷자락 끝에 묻어온 것

눈이었을까
비였을까

나의 짙은 화장은
가난이었을까
사랑이었을까

6월을 훑는다

다닥 다닥 붙어있다

하나씩 따는 것 보다
바가지를 받히고 주르륵
훑어야 한다

빨갛게 붙어있던 것들을
떼어내니 가지다운 나무가 되었다
보리앵두라고 한다

보리타작즈음 익었다

한 움큼 입에 물고
씨를 발라낸다

시큼 달큼한

고향에 간다

장독대 옆 앵두를 본다

탱글탱글한
구름 한 줌
입에 넣는다

아무도 없는 가을, 마실을 간다

홀로 오랫동안 앉아
빛을 응시할 때

가끔 스쳐가거나
만나지 못한 사람이
보고 싶기도 할 때

소식을 전하고 가는

바람 한 점

아랑곳

양말 사이
살비듬을 보았다

나팔꽃 넝쿨
떨어져 있는 시든 꽃잎

배추흰나비의
마른 날개

흐릿한 눈으로 찾아 읽는다

바닥의 모래를
문지르고 비비고 차고 흩트리고

그냥
심술이다

아랑곳하지 않고
햇빛에 반짝이는

몽탄*

아들의 트렁크 팬티를 개키며
가운데 단추가 달린 것을 알았다

가쁜 숨 잠시 고르라는 뜻일까

경계를 치라는 것일까
사뭇 궁금하여
지나가는 그림자에게 물었다.

넘치지 말라는 뜻
몸을 좌우로 움직여본다

출렁이는
사막 모래언덕이 높다가
낮아지다가

아름다운 시절

몽탄
나를 따라 달려오는 저 빛

*몽탄 : 전라남도 무안군 몽탄면.

버스

배롱나무 붉은 날
차에 오른다

말갛게 꽃잎 품은 벼
멍석 위에서 구름이 중얼거린다

점 선 면 색
나를 키운 하늘은
밤새 으르렁 거렸다

고목을
집 앞에 세워둔 채
떠나야 하는

지우편

외진 마을
초입에 걸려있는
고즈넉함

그곳에
오래된 사람들이
살고 있다

다리를 건너 산을 오르면

오직
과거와 현재와 미래만
어울려 살아가는 곳

장인은 오카리나를 만들고
소리는
마을로 날아간다

홍등 혼자 귀를 연다

63번 버스

여자가 버스 정거장을 향해 사력을
다해 뛰어간다
타려는 버스가
곧 떠나기라도 하는 걸까

앞을 향해 달리는 노선표

가면 더 좋은
기회가 올지도 모른다

하지 저녁

맨홀 뚜껑 위를 지날 때마다
달그락 소리가 난다

휙 지나가는 108번

하루 동안 아무것도
먹지 못한 채 갈마역에서
버스를 기다리는 사람

때로는 가득하기도 하지만
비어 있기도 하지

느리게 오는 버스

땅거미가 뒤에서 당긴다

입관

뚝배기가 작아서인지
구겨진 등짝

할머니 관에 들어가지 않자
당숙이 어거지로 등을
반듯이 폈지

뚝배기에 들어앉은
북어

늦은 노을

8월 땡볕에도
맥문동은 잘도 자란다

보랏빛 꽃은
수수밭에 엎드린 엄마의
몸빼

해가 지고도 한참을
지나서야
호미자루 놓는다

한때는

숲에는 사철 바람

왔다 가고

피지 못한 동백

이력서에
써내려간
흐느낌

가을, 이만큼

유리창 밖
노랗게 물든 이팝 가로수
휙휙 지나는데
-나를 두고 간데요 글쎄 (미스트롯 간데요 글쎄)

구슬프다가
신났다가
처량하다가

이팝 잎 떨어진다

제 3부

조화로운 낮

전동차 앞에 달린
바구니에 조화가 가득 담겨 있다

여자는 걷는 일이
어려워도 언제나
꽃이 되고 싶어 한다

그녀가 흔들린다

고씨동굴

한
방울
한
방울

물 씨앗을
뿌렸던 거야

너와 나
여기서 만나

어둡게 만나

여름 빛

비행기 한 대가
날아가면 좋겠다고 하자
비행기가 난다

제주도 동백숲을 생각하니
핑크색 물감 덩어리에
동백꽃 핀다

하하하夏夏夏

경옥이네 닭발

밥을 먹으면 밥보다
바람이 앞서 들어가
캑캑

할 말은 많아도
입이 없을 때

순한 맛
매운 맛
불 맛도
있지

늦은 햇빛

역전 노점에 앉아
알밤을 깎고 있는

밤물 든 손

저린 다리 오므리며
자세를 뒤틀며

그녀도
단단한 껍질

은행나무
잎을 다 떨어뜨렸다

깨진 유리 문 앞에

재개발된 고층 아파트
주변 상가들 높이 올라가고
리모델링을 한다
동네가 뒤숭숭하지만
전주 기름집은
예나 지금이나 변함이 없다
입구에는
이른 아침부터 사람은 없고
보따리들이 길게 순번을
기다리고 있다
할아버지도 따라서
앉아 기다린다

로션 맨질 맨질
기름내가 빛난다

만리포 앞바다

알콜 58도 금문고량주
술잔이 돈다

소금기만 버석거린다

금지된 문지방을 넘어버린 것

출렁이는 바다

알콜은 목을 태우며
넘어 간다

입속에서 우물거리는
이름
파도에 쓸려가는

잠시 햇살이

이른 아침 햇살 노점에 내려앉는다

쪽파 깐마늘 알토란 상추
양배추 당근 붉은고추
표고버섯 콩깍지
풋고추 채친우엉
오이 호박 무다발 속배추

허리 굽은 나무
잠시 자리 비운 사이
반쯤 먹다만 붕어빵에도

합창

같은 복장으로

노래를 하지만

그 목소리

멀기만 하다

붉은색 흰색

함께 하는 무대

찰흙으로 뭉쳐진

살얼음이 아직

급하게 먹은
감자 한 알
메슥거린 십이월을
게워내니
개운해졌다

냇물을 건너본 사람은 안다
돌멩이 둘이면
족하다는 것

오래된 꽃

나도 오래 살면 저토록
아름다운 꽃을 피울 수 있을까

개심사 150살 배롱나무

기운 벽

너와 나
사이에

못 본 척 모르는 척
없는 척

감정을 구겨 넣는다

강바닥
돌 밑에도 눌러 놓았지

벽을 밀어내고
흘러나오는 것들

구부정

주조장 모퉁이
돌아 나올 때까지

뿌리가
또 다른 뿌리를 바라보며

그렇게
서 있네

시들시들

바람 분다고
비가 온다고

춥다고 덥다고

화분에
한 줄도
물을 주지
못했다

달은 흘러서, 구름은 흘러서

월하천에 흐르는 밤

강아지 목줄 옆에 놓아두고

가방을 살며시 쓰다듬는다

먹구름 한차례 푸짐하게
훑고 지나간다

강아지 빈집에 개망초 꽃이
피었다

흐드러지게

제 4 부

마른 등

그렁그렁
나무를 물고 있는 거리

송정역에
한 사람을 세워놓고
돌아섭니다

수척해진 하현달

다독이다가

발인

말간 얼굴로
혼자 버텼다

끝내지 않기 위해

일만 개의
진달래꽃 새겨놓은
비석

연신내

추위에 떨며
오랫동안 버스를 기다린다

기다려본 사람은 안다

타야 할 계절이
눈에 들어올 때
반짝이는 손

간간이 지나가는 것만 있을 뿐

저 나무

까치집만 출렁거린다

누가

지하차도 어두운 벽

흘러내리는 지문을
남겨놓고 갔을까

집으로

웅덩이에는
물이 고인 곳도 있고
질컥거리는 흙바닥도 있다

뽀얀 먼지를 일으키며
달리는 버스

서쪽으로 돌아서자
누런 밀밭

손바닥에 비벼
껍데기를 훅 분다

밀 알맹이 한입에 털어 넣고
오물오물 씹는다

어둑한 외딴집

발걸음이 빨라진다

사월 저녁

마룻장 사이
백구 머리에 송홧가루가 쌓여있다

넘어가는 저녁 해

윗마을 옹기 굽는 가마에
연기가 피어오른다

문설주에 기대앉은
눈먼 할머니

하얀 눈썹이
저녁노을과 버무려진다

소신공양

법당 바닥에
납작 엎드린 파리
두 손을 모아 빈다

독경은 끝나고 있었다

이래도 살구

중앙시장
그녀의 노점

어떤 날은 델몬트 바나나
살구도 놓여 있다

문득
대문 옆 나무속으로
들어간다

텁텁한 고향의 맛
유년이 노랗다

가시 돋친 말

덩치가 두 배나 되는 사내와
악을 버럭버럭 지르며
다투기도 한다

김수영 카프카 벤야민

어떤 날은
노점 구석에 앉아 담배를
달게 먹는다

턱을 쳐들고
반려예술

장미 가시 하나 빼낼 재간이 없다

빨갛게 흐른다

대전역

저녁 여섯시
물건들은
안으로
가게 문은 닫힌다

한때 원도심으로
흥이 나던

시절 멀리에 둔

나이 든 플라타너스 잎만
거리를 걷는다

검은 여자

강을 건너온
발목에
찬바람과 함께
고수 향기가 묻어난다

이국에서 온 그녀
새벽이 되기도 전에 일터에 나와
닭 발톱을 잘라내고
뼈를 바른다

우두둑
무너지는 소리
어느새
날이 밝는다

매화는 고철을 향해 피어 있다

고물상
일하는 사람들과
폐지 플라스틱

고철은 고철대로
분류하고 저울에 달고
종일 일을 한다

늙은 매화
매일 자원 저울에

슬며시
향기를 올려
놓는다

고요한 커피

시리고 아린
손가락을 녹인다

창문은 녹슨 듯 누렇다
쌓여 있는 책들

주인은 아랑곳하지 않는다

고양이 눈물이 증발한 곳에
오래도록 시선이 머물고

눈썹 하나
흐리게 날린다

밤을 낚다

마른 살구를
줍고 있는
손을 본다

빗물을 헤집고

주름 가득한 열매

가지 사이로
달려가고 있다

ㅅ

햇빛에
눈이 찔리고

자음에
사랑니가
자라는 걸 몰랐다

제 5 부

앞에 있는 사람

이른 아침
열 걸음 앞에
서 있는 남자

뒤에서
한 발 놓고 다른 발 옮기고
또
한 발 놓고 다른 발 옮기고

기다리고 있다

살아온 시간들 위에서
절며 간다

바다수산

남자는 고래를
잡을 거라고
바다로 나왔으리라

뜰채를 가지고
수족관을 휘젓는다

바짝 엎드린 농어

저드리 언덕에 서서

좋은 저녁입니다

사운대는 댓잎 소리마저
반가운

깊이 빨아들인 담배연기

낮달의 한숨

구름에 젖어
갑니다

노도 마중

짙푸른 물 나룻배 한 척

편백 동백으로
병풍을 이룬
오솔길 지났네

300계단 오르고 내린
이슬비 속 해수관음

그곳에 만중이 꽃피우고 있었네

세계로 퍼지는 향기
노도에서 나왔네

무안

사원으로 간
사람들은 돌아오지 못했다

언니 오빠 엄마 누나 동생
아버지 아버지

바람 속으로
사라져

어둔 하늘에 연기가 되어
세상을 흩어 놓고

비둘기 떼만
내려 앉아 날아갔다

말라가는 정류장

땅바닥에 뒤집혀
돌고 있는
매미를 보다가
버스를 놓쳤다

햇빛을 바로 해 놓고도
자꾸
어두운 곳으로 들어가는
사람

그를 바닥에
놓아두고
자리를 뜬다

한 남자가
말라가는 여름

파도의 시화전

등에 베인 땀으로
푸른 옷 바다가 된다

사다리에 오르니
잠깐
파도가 인다

일용직 노동자가 되었다
생활은 무엇인가

고인
감정의
찌꺼기 같은 것

바다의 액자에 빠진다

반구대

서쪽으로 가는 님을 배웅하는 것이다

수면 사이로 숨었다
눈 뜨니 다시 나타나
가는 이름

바위에 새긴
당신의 그림

새참 때

꼬리를 흔들면
등 타고 가던 파리들이
횡- 횡-
다시 돌아온다

소는 풀을 먹고
나는
더운 콧바람을 맞고

꽃은 나를 보고

집을 나선다

소는 앞에 가고
나는 뒤에 섞인다

들국화 쑥부쟁이 구절초
눈에 들어온다

어느새
논둑 머리가 환하다

九如圖

꼬리 흔들며
따라가는

일곱 마리
새끼 잉어

반쪽 달 밑에
아홉 식구가
부대낀다

비늘이 참 밝다

세 송이

울타리 사이

어떤 꽃은 아래쪽에

피어나고

어떤 꽃은 위쪽에서
빼꼼히 고개 내밀고

천천히 30초

꽃 피운 화분을
가득 실은
리어카

노인은 횡단보도를 건넌다

걸음이 무겁다

가랑코에 자스민 베고니아 튤립 페츄니아 조팝 후리지아 마가렛 체리 세이지 수국 프리지아 플로라 미니바오밥 구피아 데이지 라일락 아비가든 해란초 소래풀

30 29 28……
천천히 신호등이
바뀔 때까지

꽃상여가
지는 해에
밀려 간다

오 형제

잘 참아 내라
서로를 격려한다

잘 크는 놈
시원찮은 놈

큰 놈 작은 놈
비틀어진 놈

조롱박이
한 탯줄에
매달려 있다

봄이 왔지만

수선화 다섯 송이
피어 있다

별금자리 무성한데
잠잠한 개구리

그 긴 잠을

누가
깨우랴

옛날 옛적에는
－월출산 구정봉에서

구름과 바위도
사랑을 나눌 줄 알았다

산마루 바위 등에 파놓은
옹달샘 아홉

마를세라 구름이 비를 뿌리고
온 몸으로 바위가 그를 껴안는다

| 발문 |

현상의 본질을 향하는 시선과 그 언어(言語)
−「백혜옥 시집에 부쳐」−

최 학
(소설가)

　소설쓰기 공부를 할 때, 짧은 시 한 편을 텍스트로 두고 이야기를 풀어나가는 연습을 하는 경우가 없지 않다. 즉 운문 형식의 문장을 산문으로 바꾸는 것은 물론 함축된 시가 품고 있는 골격을 찾아내어 이야기를 만들고 거기에 시가 남겨놓은 여백들마저 소설적 문장으로 채워나가는 훈련인데 여기에는 이야기 짜기의 능력은 물론 분석력, 상상력까지 키워보자는 의도가 담겨 있다.

　지난 세 번째 시집「자작나무 숲에 들다」에 이어 이번 네 번째 시집의 맨 뒷자리 글도 내가 쓰게 되었는데 해설 혹은 발문이라는 이름의 이 묘한 글쓰기 또한 나한테는 그 예전의 '시 작품 놓고 이야기 풀어나가기' 연습과 다를 바 없다는 생각을 해본다. 이론에 능한 그 많은 평론가, 시인들을 놔두고 저자가 굳이 소설장이한테 이 일을 맡긴 저간의 사정도 실은 이쯤에 있는 지도 모르겠다.

여전히 백혜옥의 시는 간결하고 담백하다. 간결은 형식에 관한 것이고 담백은 맛에 대한 느낌이다. 시의 길이가 짧다 못해 두세 줄로 그치는가 하면 제법 긴 편이라고 해도 페이지를 넘기는 일이 거의 없다. 담백한 맛은 형식에서만 전해지는 것이 아니다. 가능한 한 이미지 호출을 간명하게 하는 가운데 여백을 많이 남기려는 그의 시작(詩作) 태도에서 비롯되는 경우가 태반이며 거기에 더해지는 조심스러우면서도 견고한 말부림(언어구사)에서 유래된다고 봄이 마땅하다.

아예 짧은 소설과 다를 바 없는 서사형식을 띠는가 하면 산문과 구별하기 어려울 정도의 사설로 채워진 시들이 범람하는 요즘의 세태에 견주면 그의 이러한 시편들은 꽤나 구태의연하달 수도 있는데 그는 왜 꾸준히 이러한 태도를 고집하는 것일까?

불온한 풍경을 향하는 시선

내가 살고 있는 세상은 늘 불온하다. 겉으로는 온화하고 빛나고 향기로와 보이지만 속내까지 그렇게 나를 맞아주는 경우는 거의 없다. 그런 시늉이라도 하기는커녕 드러내어 해코지하고 위협하기 일쑤다. 곧 지나가는 사람을 보고 으르렁거리는 마당개 같은 것이 우리가 살고 있는 세상인 것이다.

따라서 이러한 세상을 살아내기 위해서는 세상의 본질, 그 정체를 알아내는 일이 가장 긴요하며 그리고 나름의 적절한 대비책을 모색하는 것이 중요할 수밖에 없다. 사실 인류의 문명사라는 것도 바깥 세상에 대한 이러한 탐색과 응전의 흔적에 다름 아니다. 덧붙인다면 그 두터운 문명사의 갈피 구석구석에 끼어있는 시니 소설이니 하는 것도 '험한 세상 바라보기'의 자취들에 지나지 않는다.

따라서 백혜옥의 시편들 또한 시인 나름으로 나를 둘러싼 세상의 본질, 구조를 살피고 반응하는 의식, 인식의 언어적 표현이라고 할 수 있는바 독자로서는 일단 시인의 시선에 포착된 물상(物象) 자체보다 그 눈길의 향방과 그에 이어지는 의식에 흥미를 가져볼 필요가 있다.

일상생활에서 우리는 용도와 용법이 뻔한 치약 튜브 하나를 손에 쥐더라도 앞뒤 문자들을 읽어보는 것은 물론 지금 당장 쓰지 않음에도 마개까지 열어 냄새를 맡아 보기를 마다하지 않는다. 작은 사물 하나를 제대로 이해하기 위해 시각, 촉각, 후각을 다 동원하는 것이다. 나아가 형이상학에서는 치약 튜브 하나를 손에 쥐고 있으면서도 이것은 치약이 맞는가, 만약 치약이 아니라면 이것은 무엇인가, 지금 내 손에 치약이 쥐어져 있다고 해서 있는 것은 맞는가, 내 손에 아무 것도 없음에도 불구하고 있다고 믿는 것은 아닌가, 있음은 무엇이고 없음은 뭔가 식의 근원적 의문을 늘어놓기도 한다. 이렇듯 따지고 들면, 내가 몸담고 있는 세상과 내 감각에 잡히는 사상(事象)의 본체를 파악하고 이해하는 일은 지극히 어렵다.

 백혜옥의 시 쓰기 또한 나를 둘러싼 세상읽기, 그 세상을 구성하는 물상의 제 모습 뜯어보기의 일환으로 보인다. 하여 그의 시들은 대부분 '바라보기'의 자세를 취하는데 여기서의 '보기'는 관람, 관망, 관조, 관찰 등과는 상당한 거리가 있다. 굳이 한자어를 찾는다면 '주시(注視)' 정도가 가까울 듯싶으며 그의 시선에 포착되는 대상은 크게 풍경과 상황으로 구분된다. 사상(事象)의 사(事)가 곧 상황이고 상(象)이 풍경이다. 풍경 없는 상황이 없고, 상황이 빠진 풍경이 없지만 시의 이해를 위해 편의상 이렇게 나눌 뿐이다.

 우선 시집의 앞부분에 있는 시 한 편을 보자.

> 은행동 거리의 전봇대에
> 처박혀 쓰러져 있는
> 소주병
>
> 황혼이 내린 카페에
> 늦가을이 휙 불어온다
>
> 여자의 창가에 내려앉은
> 눈물 몇 장
>   -「늦가을 낙엽」 전문

3연 6행의 짧은 시는 늦가을의 한 스산한 풍경을 스케치하고 있는데 대전의 구도심을 이루던 은행동 거리에 있는 한 카페가 시적 무대다. 구도심, 쓰러진 소주병, 황혼, 늦가을(바람), 눈물… 사용된 시어들만으로도 시의 분위기는 죄 읽혀진다. 낙엽 몇 장을 눈물로 환치하는 기법은 되레 직설적이며 눈물의 주체가 되는 여자가 시적 자아냐 아니냐를 셈하는 것은 전혀 쓸모가 없다. 오히려 우리가 관심가질 바는 왜 굳이 시인이 이 장면을 포착했으며 또 왜 이렇듯 완강한 '구경꾼'의 태세를 취하는가 하는 점이다. 뒤에서도 언급하겠지만 이는 시인의 시세계 전반을 이해하고 그에게 더불어 내 손을 내밀까 말까를 선택하는 관건이 되기 때문이다.

앞의 시와 분위기가 흡사한 또 한 편의 시를 읽어보자.

저녁 여섯시
물건들은
안으로
가게 문은 닫힌다

한때 원도심으로
흥이 나던

시절 멀리에 둔

나이 든 플라타너스 잎만
거리를 걷는다
― 「대전역」 전문

　대전역 인근이 곧 은행동으로서 이전시대 대전에서 가장 번화했던 곳이다. 그러나 둔산 신도시 시대가 열리면서부터 이곳은 점차 쇠잔 퇴락해 버리고 말았다. 그 먼 시절, 사람들이 거리에 넘쳐나던 때는 밤늦게까지 불빛이 밝았던 가게와 업소들이 이제는 해 으스름에 벌써 문을 닫아버리고 거리에는 낙엽들만 쓸리고 있는 풍경을 그린 시다. 여기서도 시인은 특정 풍경을 포착만 할 뿐 개입의 태도를 거의 보이지 않는다. 젊은 날을 멀리 떠나보낸 노인이 빈 도회의 거리를 걷듯이 늙은 플라타너스의 낙엽이 뒹굴고 있다는 식으로 장면 '비틀어 보기' 정도가 고작이다.

　풍경도 현상이다. 세계와 물상도 현상에 지나지 않는다. 앞서 잠깐 말했듯이 고래(古來)로 인간은 이 현상의 본체를 이해하기 위한 노력을 아끼지 않았다. 하여 고대 그리스부터 서양철학은 눈에 보이는 자연계(현상)를 넘어서는 어떤 것, 절대적인 것, 궁극적 실재(reality)를 찾아왔으며 그렇게 상정된 것이 자연철학에서의 아르케(arche), 플라톤의 이데아, 기독교의 절대자 곧 신(神)이기도 하였다.

　그러나 백혜옥은 풍경(현상)을 풍경 자체로 이해하

고자 하며 그 본체를 궁구하고자 하는 의도는 보이지 않는다. 그러면서도 그는 내가 보고 있는 풍경이 실재하는 것인가, 허상을 보고 있는 것은 아닌가 그리고 나는 실상을 제대로 보고 있기는 한가? 시각을 비롯한 내 감각기관은 온전하게 작동하고 있는가? 하는 의문은 잠시도 등한시 하지 않는다. 그리하여 그는 감각에 포착되는 풍경을 굳이 비틀고 뒤집고 흔들기를 마다하지 않는다.

이와 같은 태도는 현상학을 말하는 후설(E. Husser)의 주장을 상기시키기도 한다. 실증주의를 비판하는 자리에서 후설은 객관적 사실만을 중시하는 과학적 방법론이야말로 사물(풍경)의 대칭에 있는 '나'의 인식의식의 근본적 특성을 놓치고 말 위험을 다분히 지닌다고 지적한다. 나아가 그는 대상에 온전히 다가가기 위해서는 먼저 대상을 대하는 나의 의식 경험 자체로 돌아가야 한다고 주장한다. 이것이 바로 후설의 그 유명한 '괄호치기' 작업이다. 이는 곧 일상적 자연적 태도에서 세계에 대해 가지는 모든 선입견과 전제를 괄호치기 하는 것으로서 여기에는 우리가 당연시하는 세계의 실재성, 과학적 사실성 심지어 자아의 실재까지 일단 판단 유보하는 것을 말한다. 예컨대 우리가 한 폭의 그림을 감상하는 경우, 그림의 본체를 알아본다면서 캔버스의 재질을 분석하고 어떤 물감이 어느 비율로 칠해져 있으며 그림 속의 전봇대가 몇 도 각도로 기울여져 있는 가를 탐색하지는 않는다. 만에 하나 그런 과학적 분석이 완전하게 이

루어졌다고 해서 그 그림의 본질이 드러나는가? 그러지 않다. 벽에 걸린 그림의 실상은 그 그림을 바라보는 의식 속에서 의식으로 인식되기 때문이다. 후설은 이를 현상학적 환원이라고 명명하고 있지만 우리는 이 복잡한 개념에까지 빠져들 필요가 없다. 단지 그의 현상학 이론에서 원용해도 좋을 바는 그가 이 '환원'을 위해 중시하는 '직관' 즉 '의식 그 자체'이다.

풍경을 대하는 시인의 직관, 의식 그 자체를 따라가 보는 일이 곧 그의 시를 맞으러 가는 일이라고 여기기 때문이다.

　울타리 사이

　어떤 꽃은 아래쪽에

　피어나고

　어떤 꽃은 위쪽에서
　빼꼼히 고개 내밀고
　　　　　－「세 송이」

덩굴장미인지 해바라기인지 코스모스인지 아니면 위의 놈은 해당화이고 아래 것은 개망초인지도 모르겠다. 그냥 '꽃'이다. 제목을 봐서는 꽃이 세 송이인데 어느 위치에 두 송이가 있고 어디에 또 한 송이가 있는지도 알 수 없다. 꽃 풍경을 보면서 시인의 의식이 닿은 바는 아래, 위의 위치뿐이다. 좀 더 의식의 편린을 찾아본다면 위쪽의 꽃은 어떤 표정인지 모르지만 '피어나고' 아래 것은 '빼꼼히' 고개 내민다는 정도다. '빼꼼히'의 사전적 의미가 '살며시 문 따위를 아주 조금 여는 모양을 나타내는 말'이라고 돼 있는데 위에 있기 때문에 이런 태도가 나오는지도 모르겠다. 짧은 시 한 편을 두고 필자가 거푸 '모르겠다' '알 수 없다'는 말을 하는데 아무튼 이 한 편의 시를 꽃그림으로 바꾼다면 화폭 한 쪽에 울타리 꽃이 간단하게 그려져 있고 나머지가 다 여백 처리돼 있다. 물감으로 칠해지지 않은 공터를 보면서 여러 궁금증을 가지는 이들이 있겠지만 시인의 태도는 이렇듯 완강하다. 당신들 마음대로 생각하라.

  독자들 마음대로 생각하기. 사실은 여기에 백혜옥 시의 한 특질이 있을 수 있다. 내 시선에 붙잡히고 내 의식이 포착한 바를 그대로 보여주기 그리고 그 나머지는 또 보는 이, 읽는 이의 의식에 자유로이 맡긴다는 시작(詩作) 태도.

  그러나 시인의 풍경화 중에는 여백이 거의 없는 그림들도 있다.

    꼬리 흔들며
    따라가는

일곱 마리
새끼 잉어

반쪽 달 밑에
아홉 식구가
부대낀다

비늘이 참 밝다
―「구여도(九如圖)」전문

 달밤에 아홉 마리 잉어가 연못을 헤엄치는 그림의 구여도는 중국에서 전해진 것으로서 우리나라에서도 전통적으로 문인화의 소재가 돼 왔다. 따라서 이 시의 풍경은 그림이며 시는 형상의 그림을 언어의 그림으로 옮겨가는 양상을 취한다. 여기는 여백이 거의 없지만 대상을 비틀어 보는 시각만큼은 여전한데 그것이 바로 달빛과 비늘을 바꿔치기 하는 마지막 연의 '비늘이 참 밝다'이다. 이 한 수의 '거듭'으로 인해 시의 정태적인 분위기가 한 순간 반짝 빛을 뿜는다.

상황, 그 언어(言語)의 그림들

 풍경에서 비스듬히 비껴나면서 어떤 상황을 맞이하는 경우에도 시인의 시선은 크게 달라지지 않는다. 현실에서 어떤 사건을 목도하거나 과거 사실을 반추하는 처지에서도 감정적 개입은 최대한 억제하면서 가능한

한 현상 그 자체만을 그려내고자 하는 시적 태도 그것이 정물적 풍경을 대할 때와 크게 다르지 않다는 점을 말하는 것이다.

  등이 구겨진 채 뚝배기에 들어앉아 있는 북어의 풍경을 그리고 있는 다음의 시를 살펴보자.

    뚝배기가 작아서인지
    구겨진 등짝

    할머니 관에 들어가지 않자
    당숙이 어거지로 등을
    반듯이 폈지

    뚝배기에 들어앉은
    북어
                    －「입관」 전문

  제목이 그렇듯이 이 시의 주된 정서적 내용은 '할머니의 죽음'이다. 나와의 관계가 친밀했든 아니면 소원했든 간에 내 집 가족 구성원인 할머니의 죽음은 대단한 사건에 해당한다. 그러나 시에서는 그 죽음과 주검조차도 사소한 찬거리에 지나지 않는 북어 한 마리와 등가관계로 치부된다. 그리고 오히려 뚝배기의 북어가 현재로 그려지며 할머니는 과거 어느 때의 존재로 밀려난 형식을 갖는다.

할머니-굴비, 관(棺)-뚝배기의 병치(竝置)가 불손해 보이기까지 하지만 '보는 이'의 눈과 의식이 그렇다는데 어쩌랴. 이 아이러니가 품는 더 큰 비극성 같은 것은 논할 필요가 없다. 얼마나 고된 삶을 살았는지는 알 수 없지만 그 할머니의 주검은 관에도 넣기 어려울 정도로 등이 굽고 굳어있다. 하여 상주인 아들(당숙)이 억지로 등을 펴서 입관을 할 수밖에 없다. 몸피가 커서 뚝배기에 온전히 들어가지 않는 북어를, 요리를 위해 놈의 허리를 꺾어 넣는 순간 문득 떠오르는 할머니의 입관 장면을 그린 것이 이 시다.

다음의 시는 어떤가.

>이국에서 온 그녀
>새벽이 되기도 전에 일터에 나와
>닭 발톱을 잘라내고
>뼈를 바른다
>
>우두둑
>무너지는 소리
>어느새
>날이 밝는다
>   －「검은 여자」 부분

외국인 노동자의 힘든 일상을 그리고 있는 이 시에서 보이는 시작 태도와 시인의 의식도 「입관」에서와 크게

다르지 않다. 「입관」에서는 할머니와 북어를 직접 연관시키지 않는데 반해 여기서는 노동자와 죽은 닭을 동일시 한다는 점에 차이가 있다. 즉 '우두둑 무너지는 소리'를 내는 주체는 뼈를 발리고 있는 닭이며 동시에 그 일을 하고 있는 노동자 자신임을 쉽게 인지할 수 있기 때문이다.

어떤 특정 상황을 노려서 기술된 이들 시에서는 독자의 상상력을 자극하는 여백이 지워지는 대신 '모호성'을 부각시키는 경우도 없지 않다. 물론 이는 의도되고 계산된 모호성이다.

> 여자는 거울을 보지 못하고
> 집을 나섰다
>
> 밥을 먹고 밥알을 흘리고
> 코를 풀던 남자가 보이지 않았다
>
> 여자가 얼굴을 씻지 못하는 사이
>
> 감정은 수도관 틈으로
> 조금씩 빠져나가고 있었다
>
> 물이 고이고 있었다
> 　　　　　　　　－「자국 1」 전문

이런 시가 그렇다. 여자와 남자가 있고 그들의 행위가 있지만 그들의 이야기가 뭔지 잡히지 않는다. '거울을 보지 못하고' '얼굴을 씻지 못하는' 여자와 '밥알을 흘리고 코를 풀던' 남자는 무슨 사이이고 둘 사이에는 어떤 일이 있는가?

감정이 '수도관 틈으로' 조금씩 빠져나간다든가 '물이 고이고' 있다는 데서 어떤 단서를 찾아보려 하지만 별 소용은 없다.

이는 비틀고 뒤집는 단계를 지나 '흔들어 뒤섞기' 쯤에 이르는데 시인이 굳이 이런 작업을 시도하는 까닭이 무엇일까? 현상학에서도 일상 언어의 의미를 갖고 주어진 현상들을 구분하는 일은 존중하지만 그 일상 언어는 현상을 파악하는 충분한 토대가 될 수 없다고 생각한다. 왜냐하면 일상 언어는 현상의 복잡성을 제대로 드러낼 수 없다고 보기 때문이다. 말의 비틀기, 뒤집기, 흔들기가 시도되는 까닭도 여기에 있다. 예컨대 십여 년간 냉전상태로 살아온 한 부부의 이야기를 시로 쓴다고 할 적에 어떤 말들이 가능할까.

잡힐 듯하면서도

색이 보이는 듯하면서도

맛이 느껴지는 듯하면서도

모르겠는 것
　　　　　　　－「가끔은, 바람」 전문

　여기서도 상황은 마찬가지지만 앞의 시보다는 훨씬 이해가 쉽다. 어느 경우, 실체가 있는 것보다 차라리 실체가 없는 것이 더 쉽게 이해되듯이 이런 시는 그냥 느끼면 된다. 바람이 그렇다. 우리는 바람을 보지도 만지지도 못하면서 그 움직임을 알고 성깔을 알며 때로는 그의 속삭임을 듣기도 하고 그의 체취를 맡기도 한다. 우리가 진정 모를 것은 바람처럼 왔다가는 사람이지 바람 자체는 아닌 것이다.

　백혜옥 시의 맛은 또 하나 이런 능청스러움에 있다. 보여줄 만큼 다 보여주고, 할 만큼 다 하고서도 짐짓 아무 것도 없다는 듯이 뚝하니 시치미를 떼는 그 자리.

직관, 풍경과 상황을 변화시킨다

　한 폭의 그림을 감상할 때, 캔버스에 칠해진 물감의 종류와 색채, 그려진 형상의 형태 등을 살피는 일은 그림의 본질을 헤아리는데 도움이 되지 않는다는 말을 앞에서 했다. 그보다는 그림을 바라보는 이의 의식을 따라가며 그 의식인식을 살피는 것이 도움이 될 수 있다고 했다. 즉 캔버스, 물감, 색채, 전봇대의 기울기 등 흔히 객관적 실체라고 하는 것들은 괄호치기를 해두고 그림을 대하는 감상자의 의식이 냉소적인가 아니면 어떤 추억을

떠올리면서 비애를 갖는가 등을 살피는 것이 오히려 그림의 본질로 통하는 통로가 될 수 있다는 뜻이었다.

    그러나 현상학에서는 이렇게 의식을 파악하는 것만으로는 불충분하다고 본다. 후설이 말하는 환원의 두 번째 단계인 '형상적 환원'을 거쳐야만 우리는 사실적인 모든 것을 넘어 본질을 파악할 수 있다고 말한다. 그 본질을 파악하는 방법이 본질직관이다. 본질직관은 어떤 초월적인 신비한 직관이 아니라 주어진 것을 다수의 변형태(變形態)로 만들어보면서 이 변형 속에서도 변하지 않는 본질에 초점을 맞추는 직관을 의미한다.

    굳이 내가 형이상학적 방법론을 시 감상에다 끌어오는 이유는 백혜옥의 시작법에서 자주 발견되는 비틀어 보기, 뒤집고, 흔들고, 뒤섞어 보기 등의 시도가 현상학에서 말하는 본질직관에 의한 변형태 만들기와 일맥 통하고 있다는 느낌 때문이다.

    누가
    먹칠을 하는가

    맨몸으로 받아들이는 돌부처

    수백 번 뿌려대지만
    꿈적하지 않는 흰 종이
                      -「밤을 치다」 전문

나이 그윽한 이들을 뺀, 요즘 세대들 가운데서 '밤을 치다'라는 말을 온전히 알아들을 이가 몇이나 될까. 제사상에 빠질 수 없는 것이 밤「栗」인데 제기(祭器)에 올라갈 밤은 속껍질까지 깨끗이 벗어야 함은 물론 아래 위 사방 각진 모양새도 갖추어야 했다. 그래서 제사 전날부터 식구들이 모여 앉아 밤 껍질을 벗기고 모양을 잡기 위해 칼질을 해야 했는데 이것이 곧 '밤 치는' 일이었다.

  그런데 시의 제목이 '밤을 치다'인데 정작 시에는 밤 한 톨이 나오지 않고 엉뚱하니 먹칠과 돌부처, 흰 종이만 등장한다. 그러나 웬만큼 눈치를 갖춘 독자라면 금세 이 뒤집기 표현의 내막을 깨닫는다. 비유법 식의 개념을 빌리자면 종이에 먹칠을 하는 일이 원관념이 되고 거기서 연상되는 예전의 밤 치기 일은 보조관념이다. 그러니까 동양화인지 서예인지는 알 수 없지만 종이에다 붓질을 하고 있는데 도통 진척이 없다는 얘기다, 하마나 밤 치기 일이 끝나겠거니 하고 고개를 돌려보면 찬물 그릇에 아직도 밤알이 수북이 쌓여 있는 거나 다름없다. 이럴 적에는 밤알이며 종이 자체가 돌부처나 진배없다.

  그렁그렁
  나무를 물고 있는 거리

  송정역에

한 사람을 세워놓고
돌아섭니다

수척해진 하현달

다독이다가
  −「마른 등」 전문

　풍경에 상황이 곁들여진 이 시에 이르면 형태의 변용이 더욱 심해진다. 밤늦은 시각, 가로수를 세운 거리가 그렁그렁 눈물을 머금은 듯하고 그믐달마저 수척해 보이는 송정역 풍경 가운데 누군가 한 사람은 그 자리에 남고 다른 한 사람은 돌아서는 장면이 그려지고 있는데 독자의 의식에 큰 파장을 일으키는 대목이 바로 마지막 연 '다독이다가'이다. 말뜻은 알지만 누가 누구를 다독였느냐 하는 의문 때문이다. 한 사람이 다른 한 사람을? 달이 사람을?… 짐작컨대 특정 역명이 제시된 만큼 송정역 풍경 자체가 위무(慰撫)의 자리란 함의(含意)를 지닐 성싶은데 아무튼 이 모호성이 곧 시적 여백이요 형태의 변용이라고 할 수 있다.
　또 하나 지명(地名)을 거느리고 있는 다른 한 편의 시를 보도록 하자.

아들의 트렁크 팬티를 개키며
가운데 단추가 달린 것을 알았다

가쁜 숨 잠시 고르라는 뜻일까

경계를 치라는 것일까
사뭇 궁금하여
지나가는 그림자에게 물었다.

넘치지 말라는 뜻
몸을 좌우로 움직여본다

출렁이는
사막 모래언덕이 높다가
낮아지다가

아름다운 시절

몽탄
나를 따라 달려오는 저 빛
―「몽탄」 전문

 난해한 시다. 연과 연 사이에도 의미의 연결고리가 없다. 아들의 속옷에서부터 사막과 전라남도의 몽탄으로 옮겨가는 비약적인 이동도 놀랍다. 그뿐인가, 궁금증을 풀기 위해 물어보는 대상이 '지나가는 그림자'다. 유령이 아닐 진데 혼자 지나가는 그림자가 있는가? 난데없는 '아름다운 시절'은 뭐며 몽탄에서 '나를 따라 달려오는 저 빛'은 뭔가? 그래도 무슨 실마리를 찾으려면 전

남 무안군에 있다는 몽탄의 지명을 붙잡을 수밖에 없다. 그냥 떠오르는 한자가 '夢灘'이다. 직역하면 '꿈 여울'인데 풀어서 '꿈결에 흐르는 여울'이라고 해도 좋고 '여울처럼 흐르는 꿈'이라고 해도 괜찮겠다. 예쁜 이름이다. 그러고 보니 '아들의 팬티'에서 문득 '몽정(夢精)'이란 단어도 연상되니 제법 그럴싸하다.

이렇듯 겹쳐지는 이미지는 있지만 인식 망(網)에 잡히는 의미가 없는 시, 아무튼 이런 시들이 독자를 골치 아프게 하는 일은 예나 지금이나 같다.

변화의 세 지평(地平)을 향하여

세상이라고 하자. 풍경과 상황 혹은 풍경과 상황이 뒤섞여 있는 세계. 비록 내가 그 세계에 몸담아 있고 스스로 그 일부를 이루지만 세상은 늘 불온하다는 말을 서두에서 했다. 지금껏 살펴온 백혜옥의 시들은 그 '불온한 세상'을 마주하는 이편의 시선에 다름 아닌 바 그 시선을 끌고 있는 의식은 대개 긴장 상태에 있다는 느낌을 떨칠 수 없다. 자칫하면 실수할 수 있다, 다칠 수도 있다는 불안과 그에 따른 조심성에서 비롯된 긴장일 수 있다. 그리하여 극도로 말을 아끼며 직설적인 언사를 피하게 된다. 이는 물론 세상의 본질, 본체를 살피고자 하는 존재론적 방법론과 통하는 태세의 하나로서 시의 구조 미학에도 보탬이 되는 것은 사실이다.

그러나 시적 긴장과 태도의 긴장은 구분되게 마련이

다. 또한 조심스러운 관망만으로는 온전히 세상을 품어 안을 수 없다는 과제가 남는다. 내가 세상을 껴안지 못하는 한 내 언어들은 세상의 복판을 쳐들어가지 못한 채 언저리에서 겉돌 위험을 가지게 되는 것이다. 음흉, 비열, 흉포, 기만 등의 풍경과 상황까지도 기꺼이 내 것으로 맞이하면서 내 분노, 울음을 쏟을 수 있는 자리에 드넓은 시의 지평이 있다고 믿는다.

  덧붙이자면, 세상이 시인의 풍경이 되듯이 시인의 시는 또 한편 독자의 풍경이 된다. 변덕스럽고 심술궂은 다수의 독자들은 그들 나름으로 풍경의 시를 비틀고 뒤집고 흔들어대기 일쑤다. 하여 명색이 글을 쓴다는 이들은 세월을 겪고 스스로 변화하면서 새로운 볼거리(풍경)들을 내놓을 수밖에 없다. 연륜은 나이의 축적이 아니고 경험과 변화의 합산이다.

  다음 단계 백혜옥 시의 전개를 기대하는 처지에서 나는 마지막으로 거론하는 다음의 시들에서 나름 심상치 않은 '신호'를 포착한다.

    비행기 한 대가
    날아가면 좋겠다고 하자
    비행기가 난다

    제주도 동백숲을 생각하니
    핑크색 물감 덩어리에
    동백꽃 핀다

하하하夏夏夏

　　　　　　　－「여름 빛」 전문

중앙시장
그녀의 노점

어떤 날은 델몬트 바나나
살구도 놓여 있다

문득
대문 옆 나무속으로
들어간다

텁텁한 고향의 맛
유년이 노랗다

　　　　　　　－「이래도 살구」 전문

  우리말의 묘미를 즐기는 이들 작품에서는 우선 이전에 감지되던 불안 혹은 긴장감이 전혀 느껴지지 않는다. 따라서 비틀기, 뒤집기에 수반되던 각박함이 없을 뿐 아니라 되레 여유롭고 천진스럽기까지 하다. 그림이라도 그리는 듯 「여름 빛」에서는 뜻한 바대로 비행기도 날리고 동백꽃도 피운다. 그래서 그 여름날에 '하하하夏夏夏' 웃음꽃이 핀다고 동음이의어(同音異議語)를 겹쳐 놓았다.

  '살다'의 살구와 과일 살구를 겹쳐 놓은 「이래도 살구」

또한 말 부림의 방식은 앞선 시와 흡사하지만 살구 맛에 고향을 씌우고 유년까지 살구 빛으로 칠하는 솜씨가 교묘하다. 언어의 물감으로 물상의 형체를 그리고 그 본색을 나타내는 시문학에서 이러한 말솜씨는 매우 유용한 수단이 될 수 있으며 지금의 이 티 없는 목소리들이 뒷날의 속 깊은 '육성'을 끄집어 낼 마중물이 될 수도 있다는 기대를 보태게 되는 것이다.

  비로소 시인 자신이 '나'로서 시의 맨 앞자리에 나서고 또 조심스레 꽃을 빌려 소박한 소망과 기원을 담는 짧은 '육성'을 이 글의 끝자리에 옮겨놓으며 그의 정진을 바라고 응원한다.

    나도 오래 살면 저토록
    아름다운 꽃을 피울 수 있을까

    개심사 150살 배롱나무
                  -「오래된 꽃」 전문

백혜옥 시집

아직은 살얼음

초판 인쇄 2025년 8월 25일
초판 발행 2025년 8월 30일

지은이 백혜옥
펴낸이 강신용
펴낸곳 문경출판사
주 소 34623 대전광역시 동구 태전로 70-9 (삼성동)
전 화 (042) 221-9668~9, 254-9668
팩 스 (042) 256-6096
E-mail mun9668@hanmail.net
등록번호 제 사 113

ⓒ 백혜옥, 2025

ISBN 978-89-7846-878-7 03810

값 12,000원

* 무단 복제 복사를 금함
* 잘못된 책은 교환해드립니다.